Janosch

Herr Janosch, was hilft gegen Langeweile im Alter?

Janosch

Herr Janosch, was hilft gegen Langeweile im Alter?

Wondraks Weisheiten für die Rente

ZEIT MAGAZIN

Dieses Buch ist ein Geschenk von

....

für

....

Herr Janosch, welche guten Vorsätze sind sinnvoll?

»Herr Wondrak setzt sich an den Küchentisch, zündet eine Kerze an und bittet den Himmel um einen Vorschlag. Wenn der Himmel nichts sagt, ist alles okay so, wie es ist.«

Herr Janosch, wie geht man neue, große Dinge an?

»Dazu ist es erst einmal wichtig, sich richtig zu positionieren und die Welt aus einer anderen Perspektive zu betrachten. Also etwa im Liegen.«

Herr Janosch, wie kommt man durchs Leben?

»Man muss sehr viel denken. Wondrak setzt sich mit Spätburgunder ans Meer oder so. Und trinkt von dem Wein. Bis ihm einfällt, wie das so geht.«

Herr Janosch, was tut man gegen Langeweile?

»Wondrak geht in so einem Fall auf die Straße und zählt die Fußgänger.
Bei 9000 hört er auf. Diese Zahl kann man sich leicht merken.«

Herr Janosch, wie begrüßt man den Frühling?

»Mit Blumen in den Haaren. Oder im Fall von Wondrak
mit Blumen statt Haaren.«

Herr Janosch, wenn der Frühling kommt,
was macht man dann als Erstes?

»Zunächst die Fenster putzen und dann die aus Afrika heimkehrenden Vögel angemessen begrüßen. Dazu die Fenster öffnen, sonst fliegen sie dagegen.«

Herr Janosch, was blüht denn jetzt schon?

»Die Bierblume etwa. Die blüht ganzjährig. Aber nur wenn man das Glas
beim Einschenken im exakten Winkel schräg hält. Eine Kunst.«

Herr Janosch, Wetterfrösche, funktionieren die eigentlich noch?

»Aber ja. Wondrak hält sich seit Langem einen. Manchmal schiebt Wondrak den Frosch nach draußen. Wenn er nass wird, regnet es wahrscheinlich.«

Herr Janosch, wie nutzt man den Frühling richtig?

»Indem man mit geöffneten Augen den Augenblick nutzt. Und dabei natürlich den Überblick behält. Am besten wohnt man dabei in gehobener Stadtrandlage, dann hat man dazu auch noch den Ausblick.«

Herr Janosch, wie macht man einen Frühjahrsputz?

»Wondrak küsst Wanda. ›Ich hole dir ein Stück Bienenstichkuchen, feg doch
bitte schon mal schnell die Küche.‹ Dann wartet er hinter dem Haus,
bis sie fertig ist.«

Herr Janosch, was ist besser, Kaffee oder Tee?

»Tee ist gut für das Denken. Aus dem Denken entstanden die entscheidenden Irrtümer der Menschheit. Also Kaffee.«

Herr Janosch, was macht einen Gourmet aus?

»Der Gourmet isst wenig, aber gut. Wondrak ist ein Gourmand: Er isst gut und davon so viel wie möglich. Man weiß nicht, was gesünder ist. Also trifft sich Wondrak jede Woche mit einem Gourmet zum Essen, um zu gucken, wer länger lebt.«

Herr Janosch, wie stellt man sich auf Aprilwetter ein?

»Wenn es allzu lange regnet – also Tage und Wochen und ewig –, steigt Wondrak in sein Kabeljaugewand und schwimmt nach Amerika. Wo er dann vorläufig bleibt. Außer natürlich, es regnet dort auch.«

Herr Janosch, was tun gegen Frühjahrsmüdigkeit?

»Wondrak kennt das Wort gar nicht. Luise schwingt ihn hinauf auf die Teppichklopfstange im Hof, wo er mit einem Klimmzug den Felgumschwung einleitet und dann tätigt. Also den Umschwung vollzieht.«

Herr Janosch, was unterscheidet Kunst von Nichtkunst?

»Kunst hängt meistens weiter oben. In einem Museum. Man zahlt Eintritt und darf an den Bildern auch nicht herumkritzeln.«

Herr Janosch, wie teuer soll einem die Kunst sein?

»Kann nicht teuer genug sein. Herr Wondrak spielt so fortissimo, dass er nun das fünfte Klavier in drei Jahren kaufen musste. Allerdings halten die Klaviere heute auch nicht mehr so gut wie zu Kaisers Zeiten.«

Herr Janosch, alles neu macht der Mai, oder?

»Absolut. Deswegen stellt Wondrak in den ersten Maitagen stets seine Pantoffeln zwecks Erneuerung vor die Tür. Und wo er schon dabei ist, den Rest von sich gleich mit.«

Herr Janosch, das Gemüse wird immer teurer – was nun?

»Als Wondrak in der Zeitung las, dass die deutsche Kartoffel im Kaufpreis gefährdet sei, kaufte er 24 Säcke. Jeweils von einem Zentner (ungefähr) an Gewicht. Essen tat er ohnehin nichts anderes. Sein Leben lang.«

Herr Janosch, wie viele Schritte soll man am Tag gehen?

»Bei sportlicher Gangart reichen 252. Dem Wondrak jedenfalls. Fünf vom Bett zum Tisch, 121 weiter zu Luise. Und irgendwann das Ganze wieder zurück.«

Herr Janosch, welchen Wassersport empfehlen Sie?

»Rudern. Oft schwimmt so ein Boot schon von allein herum, man muss sich nur vom Ufer abstoßen und ist dann schon mitten im Teich.«

Herr Janosch, wozu braucht man einen Fahrradhelm?

»Er schützt gegen Steinschlag und sieht irre gut aus. Man braucht nicht einmal ein Fahrrad dazu. Nachts liegt er neben dem Bett.«

Herr Janosch, wie macht man auf dem Fahrrad eine gute Figur?

»Wondrak schafft das, indem er stets eine betont entspannte Haltung ein-
nimmt. Man kann dabei etwa eine Hand locker herunterhängen lassen.«

Herr Janosch, wie kann man verlorene Zeit zurückgewinnen?

»Wer mag, stellt die Uhr etwas zurück. Sonst hilft Philosophie: Die Zeit ist
ewig, sie geht nicht verloren. Man kann es also auch einfach so lassen.«

Herr Janosch, wie wird man unsterblich?

»Unsterblichkeit gibt es nur in der Bibel. Jedoch kann man wie Goethe durch das Schreiben ein bisschen unsterblich werden. Das ist aber nur Gefasel. Am Ende sterben sie alle.«

Herr Janosch, wann soll man aufstehen?

»Man steht am besten auf, wenn die Hühner Hunger bekommen.
Wenn man Hühner hat. Wondrak hat Hühner.«

Herr Janosch, wie viel Schlaf ist eigentlich gesund?

»Wondrak sagt: Das ist sehr individuell. Wichtig ist aber, dass die Schlafenszeit die Arbeitszeit nicht überschreitet.«

Herr Janosch, was wäre eigentlich gewesen, hätten Tiger und Bär Smartphones gehabt?

»Sie hätten Panama einfach gegoogelt und wären im Übrigen am Tisch sitzen geblieben.«

Herr Janosch, wie verhält man sich eigentlich,
wenn die Welt untergeht?

»Für diesen Fall hat Wondrak sich schon vor längerer Zeit einen Weltrettungsring zugelegt. Er kann nämlich nicht schwimmen.«

Herr Janosch, was schenkt Wondrak Ihnen zum Geburtstag?

»Eine wunderschöne Wachsblume. Sie hält sich jetzt schon seit fünf Geburtstagen und ist immer noch frisch.«

Herr Janosch, wie gewinnt man Freunde?

»Man sagt einfach immer wieder: ›Mein Auto gehört jetzt auch dir,
denn du bist ja mein Freund.‹«

Herr Janosch, wohin soll es dieses Jahr so gehen?

»Herr Wondrak fährt auch dieses Jahr / schon wieder nicht nach Sansibar. Er bleibt zu Haus und liest die ZEIT, / manchmal allein, / manchmal zu zweit.«

Herr Janosch, es ist Reisezeit – was macht man aber,
wenn man Flugangst hat?

»Man sollte den Erdboden mit den Füßen einfach gar nie verlassen, dann fällt
man auch nie nach unten. Denn da ist man ja schon.«

Herr Janosch, was tun gegen Sommerhitze?

»Man öffnet das Tiefkühlfach und steckt so viel vom Körper, wie nur geht, hinein. Wenn man nichts mehr spürt, ist man aus dem Schneider. Denn dann spürt man auch keine Hitze mehr.«

Herr Janosch, welches Buch liest man im Sommer?

»Am besten eins, das man selbst geschrieben hat. Wondrak liest immer nur ein Buch, es handelt von einer Grille, die Geige spielt. Er liest es immer und erst recht und auch im Urlaub. Weil es so glücklich macht.«

Herr Janosch, welchen Sport treibt man im Alter?

»Nur Skateboarding. Man rollert wie ein Wilder und sieht mächtig beeindruckend aus. Und wenn man schließlich müde wird, kann man sich ganz einfach abschleppen lassen.«

Herr Janosch, welche ist die richtige Haltung beim Radfahren?

»Luise sitzt vorbildlich aufrecht. Und Wondrak hält Ausschau nach hinten und achtet im Übrigen darauf, dass er nicht stört.«

Herr Janosch, was ist eigentlich ein gesunder Sonnenschutz?

»Wondrak sucht sich einen Elefanten und stellt sich in seinen Schatten.
Danach darf der Elefant sich in Wondraks Schatten stellen.«

Herr Janosch, was macht man auf einer Kreuzfahrt?

»Man hofft auf Seenot, damit man sich als der große Retter aufspielen kann.
Wenn nix passiert, ruft man laut ›Heho, das Schiff sinkt!‹ und spielt sich halt
dann als Retter auf.«

Herr Janosch, was macht jung?

»Wondrak legt täglich mit Luise einen kolossalen Tango hin. Das macht jung.
Der Arzt warnt vor Herzschlag. Aber junge Menschen lieben das Risiko.«

Herr Janosch, wie erweitert man seinen Horizont?

»Wondrak löst dies durch regelmäßiges Zeitunglesen. Aber einmal die Woche ist dafür völlig ausreichend. Sonst verliert man bis zum breiten Horizont den Überblick.«

Herr Janosch, was macht man so den lieben langen Tag?

»Man sitzt neben der Tür und wartet darauf, dass etwas sein wird.«

Herr Janosch, was macht man gegen Einbrecher?

»Die Türen auf, durch eine offene Tür kann niemand einbrechen. Zusätzlich kann man eine Einbrecher-Falle aufstellen. Allerdings sollte man mit einem gefangenen Einbrecher auch etwas anzufangen wissen.«

Herr Janosch, gibt es noch was Gutes im Fernsehen?

»Nur, wenn man es selber macht: Wondrak hängt das Kabel einfach ins Aquarium. Wenn die Fische sich auf dem Bildschirm tummeln, ist Luise glücklich. Und dann ist Wondrak auch glücklich.«

Herr Janosch, wie verbringt man einen
tollen Abend vor dem Fernseher?

»Man braucht vor allem jemanden, mit dem man zusammen Fernsehen
schaut. Wenn man den genau Richtigen dazu hat, braucht man unter
Umständen gar keinen Fernseher mehr.«

Herr Janosch, was bringt der Herbst?

»Mitreißende Lektüre. Wondrak saß arglos auf einer Bank im Park und las Zeitung, da kam eine Bö und fegte ihn davon.«

Herr Janosch, was macht man, wenn man
nicht einschlafen kann?

»Wenn Wondrak ins Bett geht, dann sagt er sich: ›Ich muss noch ganz drin-
gend die vier Bücher lesen, die neben meinem Bett liegen.‹
In einer Minute ist er eingeschlafen.«

Herr Janosch, den goldenen Oktober – gibt es den noch?

»Oh ja. Wondrak geht als ein Dichter in den Stadtpark. Und setzt sich still auf eine Bank. Und das pure Gold der Blätter rieselt auf ihn und die Welt. Wie schön das ist, oh!«

Herr Janosch, färbt der Herbst wirklich die Blätter?

»Der Herbst färbt ALLES braungelbgrau und beige und verschmiertverkle-
ckert, auch verschmuddelt. Das ist gemütlich und mental hilfreich,
zum Beispiel bei Liebesschmerz.«

Herr Janosch, ist es denn gesund, überhaupt nichts zu tun?

»Ja, das ist sehr gesund! Man sollte allerdings immer wieder mal etwas
Bewegung einbringen. Etwa einige Erdnüsse knacken.«

Herr Janosch, wie vertreibt man die Zeit?

»Wondrak macht es sich bequem, schaut auf die Uhr und sieht zu,
wie die Zeit vergeht. Irgendwann ist sie dann weg.«

Herr Janosch, wie begehen wir den Herbst?

»Wondrak etwa fertigt sich einen Drachen aus Papier und begibt sich mit dessen Hilfe in die Luft. ›Sehr hoch‹, könnten wir sagen! Will nach Kopenhagen oder so. Seine Absicht ist, sich bald wieder zu melden.«

Herr Janosch, was tut man gegen den Trübsinn im November?

»Gar nichts. Wenn der Trübsinn kommt, umarmt man ihn wie einen Bruder. So macht es Wondrak. Im November fühlt er sich manchmal allein. Wenn der Trübsinn bei ihm ist, geht es ihm besser.«

Herr Janosch, wie wird man kontemplativ?

»Man macht es wie Wondrak und löst alle Probleme im Kopf. Nur noch im Kopf, nicht mehr in der Welt. Irgendwann hat er die ganze Welt im Kopf und ist kontemplativ.«

Herr Janosch, was tut man gegen Einsamkeit?

»Essen. Man kocht sich weiße Bohnen mit Würstchen – schon ist alles in Ordnung. Oder Linsen mit Speck, als Nachspeise eine reife Banane.«

Herr Janosch, wie verhindert man Armut im Alter?

»Wondrak hat frühzeitig das Altwerden aufgegeben. Armut in der Jugend ist wesentlich angenehmer. Dazu macht er Gymnastik.«

Herr Janosch, Tipps fürs Lottospielen?

»Augen zu, Decke über den Kopf und bei absoluter Dunkelheit auf dem Zettel
herumkritzeln. Wenn es schiefgeht, kann man behaupten,
von nichts gewusst zu haben.«

Herr Janosch, ist Angeln eigentlich noch zeitgemäß?

»Aber ja doch! Denn wie gut sieht es doch aus, wenn einer am Wasser steht und angelt! Hauptsache, es ist kein Haken an der Leine, schließlich könnte sich daran ein Fisch verletzen.«

Herr Janosch, was hilft gegen Langeweile im Alter?

»Wondrak etwa übt Fallschirmspringen. Ohne Fallschirm, dafür mit einem weichen Kissen für die Landung. Im Alter soll man ja vorsichtiger sein.«

Bibliografische Information der Deutschen Nationalbibliothek
Die Deutsche Nationalbibliothek verzeichnet diese Publikation in der Deutschen Nationalbibliografie. Detaillierte bibliografische Daten sind im Internet über https://dnb.de abrufbar.

Für Fragen und Anregungen
info@m-vg.de

Wichtiger Hinweis
Ausschließlich zum Zweck der besseren Lesbarkeit wurde auf eine genderspezifische Schreibweise sowie eine Mehrfachbezeichnung verzichtet. Alle personenbezogenen Bezeichnungen sind somit geschlechtsneutral zu verstehen.

Originalausgabe
3. Auflage 2024
© 2023 by riva Verlag, ein Imprint der Münchner Verlagsgruppe GmbH
Türkenstraße 89
80799 München
Tel.: 089 651285-0

Illustration: Janosch film & medien AG, Berlin
Text: Janosch in Zusammenarbeit mit Tillmann Prüfer, ZEITmagazin
Layout und Satz: Sonja Vallant
Druck: Livonia Print, Riga
Printed in Latvia

ISBN Print 978-3-7423-2343-9

Wir produzieren
nachhaltig
www.m-vg.de

Weitere Informationen zum Verlag finden Sie unter

www.rivaverlag.de

Beachten Sie auch unsere weiteren Verlage unter www.m-vg.de